Lea Ypi es profesora de Teoría Política en la London School of Economics y profesora asociada de Filosofía en la Australian National University. Está especializada en marxismo y teoría crítica. Vive en Londres. En Anagrama ha publicado *Libre*, galardonado con varios premios y traducido a más de treinta y cinco idiomas, e *Indignidad*.

Fronteras de clase
Desigualdad, migración y ciudadanía en el Estado capitalista

Con una mirada radical, Lea Ypi desmonta los tópicos más arraigados en el debate sobre migración, integración y ciudadanía. Demuestra además que las políticas migratorias actuales no solo perpetúan la división entre clases sociales sino que la profundizan, y que el Estado capitalista, lejos de actuar como garante de la justicia, suele funcionar como un instrumento de exclusión y dominio. *Fronteras de clase* reúne tres de los ensayos políticos más importantes de la autora y ofrece una nueva perspectiva para entender las crisis de la democracia contemporánea.

Fronteras de clase

Lea Ypi

Fronteras de clase

Desigualdad, migración y
ciudadanía en el Estado
capitalista

Traducción
Albert Fuentes

editorial anagrama

Título de la edición original:
Confini di classe. Diseguaglianze, migrazione e cittadinanza
    nello stato capitalista
Giangiacomo Feltrinelli Editore
Milán, 2025

*«Once tesis sobre la ciudadanía en el Estado capitalista» se publicó por
    primera vez en 2018 en la revista* Red Pepper *con el título «Citizenship
    in a Capitalist State»*

*«Clase social, migración e integración» se publicó por primera vez en la
    revista* Ethics & International Affairs *con el título «Borders of Class»*

*«La izquierda entre la solidaridad cívica y la solidaridad de clase» se
    publicó por primera vez en 2022 en el libro colectivo* La Société qui
    vient *con el título «Un dilemme pour les progressistes: l'immigration»*

Primera edición: octubre 2025
Segunda edición: abril 2026

ISBN: 978-84-339-4790-1
Depósito legal: B. 8313-2025

Printed in Spain

Liberdúplex, S. L. U., ctra. BV 2249, km 7,4 - Polígono Torrentfondo
08791 Sant Llorenç d'Hortons

Libro impreso con materias primas procedentes de una gestión forestal sostenible

1. Once tesis sobre la ciudadanía en el Estado capitalista

1. La ciudadanía como mercancía

La principal limitación de los análisis más recientes de la ciudadanía y la migración, incluidos los liberales y los de izquierdas, es que suelen abordar el acceso a la ciudadanía como una cuestión de derechos individuales. La ciudadanía se concibe como un título que se hereda por haber nacido en un determinado país o que debe obtenerse (ya sea por medios financieros o demostrando ciertas competencias cívicas; tendremos ocasión de volver sobre estas modalidades en las páginas siguientes). Esta concepción teórica es aceptada sin tener en cuenta que el análisis de la ciudadanía entendida como un derecho individual menoscaba la posibilidad de un enfoque distinto, dinámico y más centrado en el proceso. Transformar la ciudadanía en un bien estático y reducirla a un título individual despoja de fuerza crítica la acción política orientada a la construcción de un camino compartido para una alternativa democrática.

2. La ciudadanía en el Estado capitalista es exclusiva y excluyente

Las dimensiones excluyentes de la ciudadanía quedan de manifiesto si contemplamos las modalidades con las que esta se extiende a posibles nuevos miembros. Una de dichas modalidades consiste en la capacidad de comprar la ciudadanía (o un permiso de residencia por la vía rápida) por parte de quienes demuestran poseer medios y habilidad para contribuir productivamente a la comunidad anfitriona. En general, se trata de inversores financieros, de personas interesadas en adquirir bienes inmuebles o de todo aquel que esté dispuesto a abonar una suma muy alta a cambio de la emisión de un pasaporte a su nombre o de un permiso de residencia que le dé derecho a beneficios muy distintos de los que se conceden a quienes no disponen de los mismos medios financieros. Otra modalidad consiste en un examen de competencia lingüística y de integración cultural que valide el dominio de unos requisitos básicos que, en todo caso, cada vez están más difundidos en el mundo. Accesibles tan solo para quienes acreditan una residencia de larga duración, estos exámenes tienen por objeto verificar que las personas que residen en cierto territorio merecen convertirse en ciudadanos de este, siempre que demuestren su familiaridad con las normas lingüísticas y sociales dominantes en la comunidad anfitriona.

3. Las políticas de ciudadanía refuerzan hoy el carácter de clase del Estado

Afirmar que el Estado tiene hoy un carácter de clase equivale a decir que la capacidad del Estado de actuar como plataforma política que equilibra y modera los conflictos entre grupos sociales de manera justa, por ejemplo a través de medios democráticos, se ha erosionado progresivamente. El Estado se convierte, más bien, en un agente al servicio de los intereses de las élites con poder (sea político o económico), que pueden aprovecharse de las políticas vinculadas a la residencia o a la ciudadanía para premiar a los integrantes de los grupos con más dinero y poder o para frenar y castigar a los grupos más vulnerables.

4. Ya no vivimos en democracias, sino en oligarquías

Cuando es comprada y vendida, en vez de ser concebida como un vehículo de emancipación política, la ciudadanía se convierte en un instrumento de dominio y opresión. La democracia, como ideal que profesa que todos tenemos un papel en el gobernar y en el ser gobernados, se transforma paulatinamente en una forma de oligarquía por medio de la cual una minoría rica controla el poder político, adueñándose de los medios para conquistarlo y ejercerlo.

5. El mercado controla el Estado, no al revés

En lugar de ser el instrumento con el que se mitigan los excesos de los mercados y se reivin-

dica la prioridad del proceso decisorio democrático, la ciudadanía, si se compra y se vende,
se transforma en una mercancía como cualquier otra. El Estado, en lugar de contribuir a
domeñar el poder capitalista del mercado, se
arrodilla ante él.

6. *Antaño la ciudadanía tenía como requisito la propiedad (y el dinero). Sigue siendo así*

Otra modalidad de acceso a la ciudadanía
consiste en someter a los candidatos a adqui-
rirla a exámenes que verifiquen una competencia suficiente en la lengua de la comunidad
anfitriona y unos conocimientos suficientes
de sus normas políticas básicas. En muchos
países estos exámenes son de pago (de hecho,
una de las concesiones que hizo el gobierno
británico tras el escándalo Windrush, que en
2018 reveló las deportaciones y el trato injusto
a los que habían sido sometidos numerosos
ciudadanos británicos de origen caribeño, muchos de los cuales habían llegado legalmente
al país entre 1948 y 1971, fue eliminar la tasa
para los migrantes de la generación Windrush).
Vincular la obtención de la ciudadanía a la ad-

quisición de bienes nos remite a los tiempos en los que los requisitos de propiedad determinaban quién tenía derecho al sufragio.

7. La explotación del trabajo es alimentada por una concepción etnocultural de la ciudadanía que, a su vez, niega a los trabajadores inmigrantes la representación política

Los exámenes de competencia lingüística y cívica para el acceso a la ciudadanía fusionan el concepto progresista y cívico de una comunidad política con su reverso etnocultural, reduciendo el ideal universal e inclusivo a un ideal particularista y excluyente. Si no se aprueba el examen de integración cívica, no se obtiene la ciudadanía y, con ella, los derechos políticos que le son propios. Esto recuerda a los tiempos en los que a aquellos que solo hablaban dialectos, o no sabían leer ni escribir en la lengua nacional, no se les concedía ni voz ni participación en las decisiones políticas. Los exámenes de ciudadanía, al incluir estos elementos lingüísticos y cívicos, sustituyen un ideal con vistas al futuro y transformativo de la comunidad política y democrática por otro retrógrado y conservador.

8. *La ciudadanía en el Estado capitalista consolida la marginación estructural*

En el pasado, las luchas por la ciudadanía y la ampliación del derecho al sufragio se integraban en el combate por la progresiva inclusión de distintos grupos antaño marginados y privados de derechos: los pobres, los trabajadores, las mujeres, los habitantes de las colonias... Por el contrario, las políticas actuales de ciudadanía reifican dichas exclusiones y consolidan las divisiones por razón de clase, de género y de etnia en las que aquellas hunden sus raíces. La ciudadanía refuerza la división entre quienes son considerados merecedores de pertenecer a la comunidad política y sus integrantes de segunda categoría, que no logran demostrar que cumplen con los criterios considerados esenciales para dicho título. La ciudadanía, entendida de esta forma, en lugar de ser un instrumento para amparar a los miembros más vulnerables de la comunidad política, agrava y reproduce su marginación.

9. *La ciudadanía solo fue emancipadora hasta que la democracia dejó de ser el medio para combatir el capitalismo*

La socialdemocracia tradicional alimentaba la esperanza de que la democracia depararía la abolición del gobierno de clase y de que el derecho al sufragio transformaría a los ciudadanos en socios virtuales de una empresa cooperativa orientada a fomentar el bien de la comunidad política en su conjunto. En palabras de Eduard Bernstein, fundador de la socialdemocracia moderna, en este marco de participación democrática en la vida pública «los partidos y las clases que siguen a los partidos aprenden muy pronto a conocer los límites de su poder y a emprender en cada caso solo las acciones que esperan poder realizar razonablemente en base a las circunstancias objetivas».[1] El marco de esa valoración tan optimista venía representado, sin embargo, por un ideal inclusivo de una ciudadanía poten-

---

1. Eduard Bernstein, *The Preconditions of Socialism*, Cambridge, Cambridge University Press [1899, 1921], 1993, p. 144. [Citado por: Bernstein, *Las premisas del socialismo*, trad. de Irene del Carril y Alfonso García Ruiz, México D. F., Siglo XXI, 1982, p. 220.]

cialmente abierta a todos. Era el amanecer de una época en la que la eliminación gradual de las barreras de la propiedad, la alfabetización y las competencias técnicas se producía como consecuencia de una movilización política encaminada a ampliar el derecho al sufragio.

Las condiciones para una valoración tan optimista, si es que alguna vez estuvo justificada, ya no se dan. Hoy vamos exactamente en la dirección contraria. Si en la edad de oro de la ciudadanía expansiva la democracia prometía sanar a la comunidad política de los efectos potencialmente destructivos de los conflictos de clase, en la edad de la ciudadanía restrictiva la lucha ya no puede ser paliada por los instrumentos políticos institucionales y tampoco puede encauzarse en los canales convencionales de la participación política. Cuando la ciudadanía se convierte, de nuevo, en un privilegio de unos pocos, en un bien que puede comprarse, venderse e intercambiarse como una mercancía, el ideal inclusivo de la democracia no parece sino una promesa vacía.

10. *El renacimiento de la política democrática exige superar el capitalismo en lugar de imponer restricciones a la inmigración*

Sorprende que los grupos progresistas y democráticos de todo el mundo, mientras continúan exhibiendo una adhesión teórica a un ideal emancipador de ciudadanía, guarden silencio frente a una transformación del derecho a la ciudadanía que se basa en dichas tendencias excluyentes. Ni los documentos políticos oficiales de los socialdemócratas ni los programas electorales de los partidos de izquierdas parecen mostrar el menor interés en concretar medidas que contrarresten la tendencia actual y le pongan remedio. El hundimiento de la política cívica democrática en etnopolítica, y la reducción del ideal universalista y progresista de ciudadanía a un ideal particularista y conservador siguen su curso sin mayores contratiempos. Para revertir esta tendencia es esencial que los movimientos y los partidos de izquierdas de todo el mundo aboguen por un vuelco radical con respecto a sus compromisos actuales en materia de políticas de ciudadanía. Deberían hacer campaña por la abolición de las prácticas que refuerzan la estructura de clase de los Estados liberales contemporáneos, así como imaginar medidas radicalmente distintas sobre la integración de los inmigrantes. Medidas que deberían incluir (pero no limitarse a ello): a) la abolición de las prácticas de admisión sujeta a la «verificación de recursos económicos»; b) la eliminación de la ciudadanía selectiva y de los exámenes de integración, y c) la supresión de las prácticas que mercantilizan la ciudadanía.

11. El problema no es la cultura, sino el capitalismo

La tradicional confianza pragmática de la izquierda en la democracia nacional para recabar apoyos para sus causas ha llegado a un callejón sin salida. Las políticas de ciudadanía y las actuales restricciones a la integración de los migrantes son solo uno de los prismas a través de los que podemos observar la transformación del Estado democrático en el aparato de una élite oligárquica. Esta regresión se acompaña de la degeneración del ideal universal de ciudadanía en un instrumento de opresión de las minorías. El problema no es la mera existencia de límites territoriales o la presencia de fronteras más abiertas o cerradas, si nos ceñimos a los términos en los que algunas voces prefieren formular el dilema de la migración. El problema es que las exclusiones, ya sea dentro del Estado o entre Estados diferentes, se alimentan entre sí y tienen el efecto de consolidar más si cabe un orden económico que en lo esencial no encuentra oposición. La timidez en la eliminación de las barreras al acceso y a la integración cívica no solo es injusta para con los excluidos y marginados. La práctica de vender la ciudadanía a los ricos y de restringir el acceso a quien dispone de escasos medios materiales, educación o competencias cívicas nos habla de una importante historia sobre la relación entre el capitalismo y el Estado (supuestamente) democrático. Cuando estos enfoques de las políticas públicas sobre la inmigración y la ciudadanía no encuentran oposición, los perjuicios no solo afectan a los inmigrantes; nos afectan a todos.

2. Clase social, migración e integración

«Todo tiene que ver con la inmigración. No con el comercio, ni con Europa, ni con nada parecido. [...] ¿El movimiento de personas dentro de Europa? Perfecto. Pero no cuando vienen de África, de Siria, de Irak o de sitios parecidos. Eso está mal.»[1] Un votante explicaba en estos términos por qué en junio de 2016 votó a favor de la salida del Reino Unido de la Unión Europea. Como muchos de sus compatriotas, está convencido de que la presión inmigratoria ha llevado al país al límite, a un punto de ruptura. «Breaking Point» era también el eslogan que se leía en uno de

1. Véase Paul Mokuolu, «I Voted to Leave the EU. That Doesn't Make Me an Idiot or a Xenophobe», *The Guardian*, 30 de junio de 2016.

los carteles más polémicos de la campaña por el sí en el referéndum que había liderado Nigel Farage en nombre del UK Independence Party del Reino Unido. El cartel mostraba a una masa de refugiados que esperaban el momento de cruzar la frontera esloveno-croata, con el texto: «La Unión Europea nos ha dado la espalda. Debemos liberarnos de la Unión Europea y recuperar el control de nuestras fronteras».[1]

La campaña de la derecha populista a favor del Brexit solo era la primera fase de un proceso de consolidación electoral de las derechas antiinmigración que culminó con la reciente reelección de Donald Trump como inquilino de la Casa Blanca. «Están envenenando la sangre de nuestra nación», afirmó Trump sobre los inmigrantes en un mitin electoral en Nevada celebrado en diciembre de 2023, retomando la retórica con la que Adolf Hitler había criticado la mezcla racial en el *Mein Kampf*. Pocos meses después redobló la dosis: «Los demócratas dicen: "Por favor, no los llaméis animales, son seres humanos". Yo respondo: "No, no son

1. Véase Heather Stewart y Rowena Mason, «Nigel Farage's Anti-Migrant Poster Reported to Police», *The Guardian*, 16 de junio de 2016.

seres humanos, no son seres humanos. Son animales"».[1]

La reciente degradación política de la capacidad de reflexionar lúcidamente sobre un tema complejo como la inmigración ha venido precedida de una crisis intelectual de largo recorrido. La cuestión de cómo alcanzar un acuerdo justo que reconozca tanto las demandas de los inmigrantes como las de los ciudadanos en las comunidades de procedencia y en las de acogida ha estado en el centro de muchas discusiones teóricas recientes sobre la justicia y la inmigración. Aunque el debate académico es, en general, mucho más crítico con las declaraciones de guerra, los insultos y las simplificaciones a las que recurren los políticos de derechas y los grandes medios, algunos investigadores han llegado a la misma conclusión genérica según la cual los Estados occidentales pueden y deben poner freno a la inmigración. Según David Miller, «los regímenes migratorios de gran parte de las democracias liberales se ven sometidos a una tensión fortísi-

1. https://www.nbcnews.com/politics/donald-trump/%20 trump-degrading-language-immigrants-rcna171120.

ma».[1] Dicha tensión, reza el argumento, obedece a varios factores: en primer lugar, al gran número de inmigrantes que pugnan por entrar en el país; en segundo lugar, al incentivo (derivado de una serie de compromisos de la democracia liberal con la igualdad para todos) que recae sobre el hecho de «poner pie en el territorio», y, en tercer lugar, a «los temores, rencores y prejuicios de muchos ciudadanos autóctonos hacia muchos inmigrantes».[2]

Los partidarios de la libre circulación de personas suelen replicar a estos argumentos cuestionando las premisas normativas en las que se basan, aunque a menudo se les achaca hacerlo desde una perspectiva que carece de pegada política. Sugieren que, al margen de lo que pensemos sobre la realidad política, la libre circulación es un derecho inalienable del ser humano, los controles fronterizos son arbitrarios y coercitivos, y la distribución de privilegios entre las regiones ricas y pobres del mundo es injusta, habida cuenta de la

1. David Miller, *Strangers in Our Midst: The Political Philosophy of Immigration*, Cambridge (Massachusetts), Harvard University Press, 2016, p. 159.

2. *Ibid*.

igualdad moral básica de todos los seres humanos.[1]

En lugar de sumarme a los críticos o a los
partidarios de la libre circulación de personas,
intentaré abordar aquí una dimensión del debate sobre la inmigración que ambas partes
parecen omitir: la clase social. Aunque admi-
tamos que la inmigración es una preocupación
real de los ciudadanos de los Estados liberales,
debemos identificar qué ciudadanos han sido
golpeados por qué medidas y cómo defender-
los. Podemos estar de acuerdo en que la apertura de las fronteras es un asunto debatible, pero
en todo caso debemos estudiar si las decisiones sobre quién es admitido y quién es exclui-
do tienen el mismo efecto sobre el conjunto de
los inmigrantes. El argumento que voy a pro-

1. Véanse, entre otros, Arash Abizadeh, *Democratic
Theory and Border Coercion: No Right to Unilaterally Control
Your Own Borders*, en *Political Theory*, vol. 36, n.º 1 (2008),
pp. 37-65; Joseph Carens, *The Ethics of Immigration*, Nueva
York, Oxford University Press, 2013, en especial el cap. 11;
Chandran Kukathas, «The Case for Open Immigration», en
Andrew Cohen y Christopher Heath Wellman (ed.), *Contem-
porary Debates in Applied Ethics*, Malden (Massachusetts),
John Wiley & Sons, 2014, pp. 376-388; Kieran Oberman, «Im-
migration as a Human Right», en Sarah Fine y Lea Ypi (ed.),
*Migration in Political Theory: The Ethics of Movement and
Membership*, Nueva York, Oxford University Press, 2016,
pp. 32-56.

poner en estas páginas es que tanto los partidarios como los críticos de la libre circulación
se equivocan cuando asumen que la inmigración plantea un problema de justicia de por sí.
Si es así o no, y en qué medida, dependerá en
realidad de quién seas.

Las fronteras siempre han estado (y segui-
rán estando) abiertas para algunos y cerradas
para otros. Están abiertas si eres blanco, tienes
formación académica y perteneces a la clase
media; están cerradas (o mucho menos abiertas) si no lo eres. Lo mismo puede decirse de los
obstáculos a la integración y la participación
cívica. Si nos centramos en el valor abstracto
de la libre circulación y en sus consecuencias
para el control de las fronteras, estaremos abor-
dando un aspecto secundario que difícilmente
tendrá incidencia desde el punto de vista de la
política migratoria. Ha llegado el momento de
volver a centrarnos en el vínculo entre inmigración y clase social, de idear soluciones políticas que tengan como punto de partida el reconocimiento de las injusticias de clase en
cuanto preocupación democrática fundamental. Al defender la centralidad de la clase social
para cualquier debate sobre la inmigración,
me detendré en dos preocupaciones en las que

suelen incidir quienes se posicionan contra la inmigración: una de tipo distributivo y otra de tipo cultural.[1] Las abordaré caso por caso en los siguientes apartados.

Conflictos distributivos

En cuanto a las inquietudes distributivas, quienes adoptan una posición restrictiva sostienen que los inmigrantes compiten con los autóctonos por los puestos de trabajo, la vivienda y el acceso a la sanidad y a la formación escolar, entre otros. Dado el compromiso de los Estados liberales en garantizar el acceso a cierto bienestar a quienquiera que resida en su territorio, es lógico que las instituciones ejerzan un poder discrecional cuando deciden a quién deben admitir y a quién excluir, a fin

---

1. Existe una amplísima bibliografía sobre ambos aspectos del debate. Para un eficaz análisis y síntesis de las voces críticas, véase David Miller, «Immigrants, Nations, and Citizenship», en *Journal of Political Philosophy*, vol. 16, n.º 4 (2008), pp. 371-390; Will Kymlicka y Keith Banting, «Immigration, Multiculturalism, and the Welfare State», en *Ethics & International Affairs*, vol. 20, n.º 3 (2006), pp. 281-304; Ryan Pevnick, «Social Trust and the Ethics of Immigration Policy», en *Journal of Political Philosophy*, vol. 17, n.º 2 (2009), pp. 146-167.

de mantener dichas condiciones de bienestar.[1] Esta inquietud distributiva parece revestir especial urgencia cuando analizamos lo que piensa el ciudadano medio a propósito del impacto de la inmigración en las sociedades anfitrionas. En el Reino Unido, por ejemplo, la influyente aportación de David Miller al debate empieza citando varios sondeos en los que se afirma que un 85 por ciento de la población británica considera que la inmigración tensiona servicios públicos como la educación, la sanidad y la vivienda social, y que el 64 por ciento considera que la inmigración ha sido perjudicial para la sociedad británica en su conjunto.[2] Desde luego, Miller no suscribe

---

1. La idea de que la inmigración deriva en nuevas obligaciones para los ciudadanos de la sociedad de acogida ocupa un lugar central en varias defensas del derecho de exclusión. Véanse, entre otros, Michael Blake, «Immigration, Jurisdiction, and Exclusion», en *Philosophy and Public Affairs*, vol. 41, n.º 2 (2013), pp. 103-130; Miller, *Strangers in Our Midst*, ed. cit., en particular, caps. 6 y 7.

2. Véase Miller, *Strangers in Our Midst*, ed. cit., pp. 1-2. En otro libro reciente, se sostiene que el 59 por ciento de la población británica piensa que hay «demasiados» inmigrantes; véase Paul Collier, *Exodus: How Migration is Changing Our World*, Nueva York, Oxford University Press, 2013, p. 60. Centrándose en Estados Unidos, Stephen Macedo sostiene que «hay motivos para creer que las recientes políticas sobre inmigración han tenido un impacto destructivo en el reparto de la riqueza entre ciudadanos estadounidenses»; véase Stephen Macedo,

personalmente estos datos, por lo menos no en este punto de su análisis; más bien los emplea como punto de partida para lanzar una investigación moral sobre la justicia en las interacciones entre inmigrantes y autóctonos, en el marco de una serie de obligaciones que el Estado nación liberal puede asumir de manera plausible, tales como las garantías de autodeterminación, el pleno respeto a los derechos humanos y unas condiciones de vida razonables para quienes residan en su territorio. Si damos crédito a Miller, estas obligaciones parecen plantear una muy concreta relación de oposición entre el mantenimiento del estado del bienestar y una mayor apertura de las fronteras. Incluso un partidario de abrir las fronteras como Joseph Carens, quien sostiene que la alternativa entre estado del bienestar y fronteras abiertas es semejante a la perversa alternativa entre «la bolsa o la vida», reconoce que «en nuestro mundo de grandes desigualdades hay pruebas de que las diferencias por lo que respecta al estado del bienestar tienen cierta

---

«The Moral Dilemma of U.S. Immigration Policy: Open Borders versus Social Justice», en Carol M. Swain (ed.), *Debating Immigration*, Nueva York, Cambridge University Press, 2007, p. 63.

incidencia como estímulo en los patrones migratorios».[1]

Sin embargo, lo que tanto los críticos como los partidarios de la libre circulación omiten poner de relieve es que estas inquietudes presentan una dimensión de clase inequívoca. Las cargas de la admisión y de la integración no las sufren en igual medida todos los inmigrantes ni todos los autóctonos. Por citar un solo ejemplo, hasta 2022, con el programa de visados «Tier 1 (Investor)», quienes tenían la capacidad de invertir dos millones de libras en el Reino Unido podían ingresar y residir en el país durante más de tres años, y quienes invertían diez millones podían solicitar un permiso de residencia con carácter indefinido tras solo dos años de estancia en el país (en comparación con los cinco años que se les requería a los solicitantes de naturalización por vínculos familiares).[2] Asimismo, las dificultades de reunir la documentación, esperar una respuesta administrativa y vivir en un estado de perma-

1. Carens, *The Ethics of Immigration*, ed. cit., p. 283.
2. Para más detalles sobre el programa de visados Tier 1 (Investor), véase www.gov.uk/tier-1-investor; para más detalles sobre la solicitud de permiso de residencia con carácter indefinido, véase https://www.gov.uk/indefinite-leave-to-remain.

nente incertidumbre, por no hablar de todos los demás problemas familiares relacionados con el sistema burocrático que gestiona los trámites de inmigración, tienen un reparto desigual entre la población inmigrada. Una vez más, por poner otro ejemplo, si eras rico podías disfrutar de un «super premium service» en la tramitación del permiso de residencia. Previo pago de unas diez mil libras (frente a las mil quinientas de las tasas ordinarias, según el tipo de permiso), un mensajero se presentaba en casa del interesado para recoger los formularios de la solicitud y sus datos biométricos. No hacía falta solicitar cita previa o hacer cola, y toda la documentación era tramitada en un plazo máximo de veinticuatro horas (frente a las tres semanas de la tramitación ordinaria).

Estas prácticas se han extendido por toda la Unión Europea y más allá de sus fronteras. A raíz de la crisis de deuda en la Eurozona, Chipre ofreció la ciudadanía a cualquier inversor extranjero que depositara un mínimo de tres millones de euros en los bancos del país. En 2012, Portugal ofreció el permiso de residencia «golden» que agilizaba el acceso a la nacionalidad y la reunificación familiar a los inversores inmobiliarios y financieros que se hubieran comprometido a crear puestos de trabajo; un año después, en 2013, España aprobó una medida muy similar.* En 2013, Malta aprobó una ley que permitía a los solicitantes ricos obtener un pasaporte de la Unión Europea a cambio de inversiones que ascendieran a 1,15 millones de euros.[1] En Italia, la Golden Visa o Investor Visa es un programa, en vigor desde 2017, que concede un permiso de residencia a los ciudadanos extracomunitarios que inviertan un mínimo de doscientos cincuenta mil euros en *start-ups*, quinientos mil euros en empresas italianas, un millón en proyectos de filantropía o dos millones en títulos de deuda pública. También aquí los trámites para la emisión del permiso y todas las demás prácticas burocráticas se agilizan.

* En España las *golden visas* se eliminaron definitivamente el 3 de abril de 2025, aunque siguen existiendo otros mecanismos que facilitan el acceso a la ciudadanía a personas con recursos económicos, como la llamada «residencia no lucrativa». *(N. del E.)*

1. Véase Ayelet Shachar, «Dangerous Liaisons: Money and Citizenship», en Ayelet Shachar y Rainer Bauböck (ed.), *Should Citizenship Be for Sale?*, European University Institute, Robert Schuman Centre for Advanced Studies, Working Paper n.º 2014/01, p. 3. Véase también Owen Parker, «Commercializing Citizenship in Crisis EU: The Case of Immigrant Investor Programmes», en *Journal of Common Market Studies*, vol. 55, n.º 2 (2017); Ayelet Shachar y Ran Hirschl, «On Citizenship, States, and Markets», en *Journal of Political Philosophy*, vol. 22, n.º 2 (2014).

En lo que respecta a los criterios de selección, los inmigrantes también son sometidos a cargas desiguales. Bajo el sistema de admisión por puntos, capitaneado por Canadá y difundido con éxito por todo el mundo (incluidos Australia, Dinamarca, el Reino Unido y, desde 2023, Alemania), los candidatos a inmigrar que acrediten mayores competencias, más dinero y una supuesta mayor capacidad de adaptación al entorno anfitrión encuentran muchas menos trabas en la entrada e integración que sus homólogos menos ricos y supuestamente menos productivos, talentosos e instruidos. En efecto, en el caso de los inmigrantes altamente cualificados, los Estados terminan compitiendo por el talento en una carrera global que se caracteriza por sus propias jerarquías distintivas, en virtud de la cual «cuanto más deseado sea el inmigrante, más rápidamente se le ofrecerá la oportunidad de entrar de forma legal en el país y acceder por la vía rápida a las recompensas que se derivan de su reconocimiento como miembro de la comunidad».[1]

A tenor de las prácticas de admisión selec-

---

1. A este respecto, véase Ayelet Shachar, «Selecting by Merit: The Brave New World of Stratified Mobility», p. 183, en Fine y Ypi, *Migration in Political Theory*, ed. cit.

tiva que se observan en gran parte de las democracias liberales, queda claro que las inquietudes distributivas manifestadas por los críticos de la libertad de circulación solo conciernen a aquellos inmigrantes que pertenecen a determinadas clases sociales. De igual modo, la clase social es crucial cuando estudiamos la migración desde el punto de vista de los autóctonos y examinamos sus quejas sobre la competencia ejercida por los inmigrantes en el acceso a la sanidad pública, la vivienda social y la educación. También aquí no todos los inmigrantes despertarán el mismo grado de desconfianza y rencor. Por el contrario, la hostilidad recaerá principalmente en aquellos con competencias e ingresos más bajos, es decir, en quienes es más probable que recurran a distintos servicios financiados por el Estado. A fin de cuentas, los millonarios árabes o rusos que viven en Londres acostumbran a acudir a clínicas de lujo, envían a sus hijos a carísimas escuelas privadas y no cursan solicitudes de vivienda pública, por ejemplo.[1] Así pues, la

1. Para un análisis empírico del hecho de que la hostilidad hacia los inmigrantes es mucho más pronunciada cuando se trata de inmigrantes escasamente cualificados y de que el sentir antiinmigración disminuye cuando lo que se debate es la

competencia que lleva a la animadversión se da, típicamente, entre autóctonos pobres de clase trabajadora e inmigrantes pobres.

Es aquí donde el análisis de los motivos que llevan a percibir la inmigración como una amenaza y el abanico de soluciones propuestas van desencaminados. Reducir el conflicto entre inmigrantes y autóctonos a un conflicto identitario entre *todos* los inmigrantes y *todos* los autóctonos oculta la dimensión de clase de dichos conflictos, así como el hecho de que la responsabilidad de estos podría atribuirse a los empresarios nacionales y las élites financieras. En efecto, el interés por los conflictos distributivos entre inmigrantes y autóctonos enmascara los conflictos distributivos y las preocupaciones de los ciudadanos de los países anfitriones, cuyas posiciones, por otra parte, distan mucho de ser homogéneas. Se corre el riesgo, además, de justificar el discurso xenófobo reinante, alimentado por los medios de derechas, en detrimento de una interpreta-

inmigración altamente cualificada, véase Jens Hainmueller y Michael J. Hiscox, «Attitudes toward Highly Skilled and Low-Skilled Immigration: Evidence from a Survey Experiment», en *American Political Science Review*, vol. 104, n.º 1 (2010), pp. 61-84.

ción más progresista de lo que está sucediendo realmente.

Una interpretación alternativa, centrada en el análisis de clase, de las circunstancias empíricas en las que emergen las injusticias asociadas a la inmigración no debería partir de un cuadro aislado, en el que los conflictos se interpreten principalmente como desencuentros entre agentes con identidades culturales diferentes. La cuestión de la inmigración debería estudiarse, en todo caso, en un contexto más general de injusticias sociales que surgen de las limitaciones presupuestarias a las que el capital financiero somete al estado del bienestar, del aumento de la deuda soberana y de la impunidad de los propietarios de inmuebles y empresarios que se aprovechan de la vulnerabilidad de los trabajadores (ya sean autóctonos o inmigrantes). Tal enfoque revelaría que los inmigrantes de clase trabajadora a menudo se convierten en el chivo expiatorio de la incapacidad de los Estados liberales de cumplir sus promesas de igualdad en el reparto de los bienes sociales entre todos sus miembros y, en particular, entre los más vulnerables. En definitiva, se trataría de poner sobre la mesa que la crisis del ideal de solidaridad democrática que numerosas sociedades liberales profesan no obedece a una supuesta consolidación de los conflictos identitarios, sino a unas políticas sociales y económicas insuficientes que privan a los trabajadores pobres de un acceso adecuado a los bienes sociales básicos.

El verdadero problema, por tanto, no estriba en que el estado del bienestar y unas políticas de inmigración más liberales se hallen en relación de oposición. Y la salida más adecuada no consiste en idear políticas de admisión e integración que mitiguen estos efectos, seleccionando a los inmigrantes en función de competencias específicas o de su previsible contribución a la economía del país.[1] En todo caso, deberíamos basarnos en un diagnóstico distinto, centrado en los obstáculos que encuentran las personas con menores recursos

1. Los especialistas en temas de inmigración suelen omitir el hecho de que la selección de competencias podría ser una respuesta inadecuada a los conflictos percibidos que derivan de la presión migratoria. Al abordar la posible contribución económica de los inmigrantes en la definición de los criterios de admisión, Joseph Carens subraya que, en el ámbito de los supuestos convencionales sobre el derecho del Estado a controlar las propias fronteras, dichos criterios «pueden ser poco generosos, pero no injustos» (Carens, *The Ethics of Immigration*, ed. cit., p. 185). David Miller analiza la cuestión de las competencias en el marco de la selección basada en el género o la raza en *Strangers in Our Midst*, ed. cit., pp. 105-106.

económicos, al margen de si son inmigrantes o autóctonos. Son síntomas particularmente acuciantes a la luz del debilitamiento de los sindicatos, el ascenso de los partidos populistas que fomentan relatos contra la inmigración y la ausencia de una eficaz representación política para todo aquel que no disponga de los recursos necesarios, ya sea inmigrante o autóctono.

Así pues, partiendo de este análisis opuesto, los conflictos distributivos vinculados a la inmigración deberían examinarse no como una injusticia en sí misma, sino como parte de un relato más amplio sobre la injusticia social que aborde el origen de la opresión que comparten los ciudadanos vulnerables, ya sean autóctonos o inmigrantes.[1] Y la solución no llegará de las respuestas que consolidan la división entre ellos. Es más probable que surja de los esfuerzos por construir alianzas políticas entre estos dos grupos y del firme compromiso por fortalecer las redes de solidaridad y las instituciones que fomentan la negociación colectiva tanto en

---

1. Para un análisis del problema con respecto a los programas destinados a los trabajadores temporales, véase Lea Ypi, «Taking Workers as a Class: The Moral Dilemmas of Guestworker Programmes», en Fine e Ypi, *Migration in Political Theory*, ed. cit., pp. 151-174.

el marco nacional como en el transnacional.[1] Abordar estos retos es la tarea que deben acometer los agentes políticos progresistas (movimientos, sindicatos y partidos políticos), cuyo compromiso con la representación democrática y el éxito electoral no debe ir en detrimento de una adecuada interpretación de la realidad política.

Hasta ahora he tratado los problemas distributivos dando por buenas dos afirmaciones que los críticos de la libre circulación de personas suelen emplear cuando analizan el conflicto entre migrantes y ciudadanos autóctonos. La primera es que existe una verdadera relación de oposición entre inmigración y mantenimiento del estado del bienestar. Esta premisa es cuestionable y de hecho se ha cuestionado a menudo. En términos empíricos, para las democracias liberales los inmigrantes son, a menudo, más un recurso que una rémora: su con-

---

1. Para un análisis de los retos, véase Nathan Lillie e Ian Greer, «Industrial Relations, Migration, and Neoliberal Politics: The Case of the European Construction Sector», en *Politics & Society*, vol. 35, n.º 4 (2007), pp. 551-581; Ian Greer, Zinovijus Ciupijus y Nathan Lillie, «The European Migrant Workers Union and the Barriers to Transnational Industrial Citizenship», en *European Journal of Industrial Relations*, vol. 19, n.º 1 (2013), pp. 5-20.

tribución económica neta es positiva incluso en períodos de déficit presupuestario, colman las carencias de la masa laboral, compensan las caídas en las tasas de natalidad y contribuyen al desarrollo del capital humano en las sociedades anfitrionas.[1] El segundo supuesto es que la unidad de análisis para la distribución de los beneficios y las cargas compartidos es (y debería ser) el Estado. Se podría objetar que el debate sobre las cargas compartidas sería distinto si tomáramos como unidad de análisis pertinente no el Estado, sino una comunidad más amplia de intereses transnacionales o, incluso, una sociedad cosmopolita. Ambas objeciones son plausibles. No las trataré aquí porque me interesa más examinar la interpretación *política* dominante de los conflictos relacionados con la inmigración, las afirmaciones que personajes como Marine Le Pen, Giorgia Meloni o Donald Trump tienen por costumbre verter, y el problema de la justicia distributiva que en buena lógica corresponde abordar a los partidos políticos de izquierdas. Es improbable que el cosmopolitismo de las

1. Para una discusión sobre muchos de estos aspectos, véase Organización para la Cooperación y el Desarrollo Económicos (OCDE), «Is Migration Good for the Economy?», en OECD Migration Policy Debates, mayo de 2014.

fronteras abiertas pueda movilizar, sin una mediación política adecuada, a los ciudadanos de la clase trabajadora convencidos de que los inmigrantes representan una amenaza para su seguridad y sus puestos de trabajo, y que deciden votar basándose en una percepción de la realidad política definida por categorías que propala la ultraderecha. De ahí que la interpretación alternativa basada en la clase social que he planteado sea todavía fundamental tanto para cuestionar los términos políticos con los que se exploran los conflictos relacionados con la inmigración en las democracias liberales, como para transformar las atribuciones de responsabilidad y las expectativas políticas de los ciudadanos.

Alarmas culturales

La segunda cuestión que suele plantearse en relación con el impacto de la inmigración en las sociedades anfitrionas atañe a conflictos de naturaleza cultural. En este caso, se incide en los costes de la integración y en el temor de que la diversidad cultural pueda menoscabar las relaciones de confianza y de solidaridad necesarias para el funcionamiento del estado del bienestar.[1] Son muchos los autores que han propuesto una solución justa a tales conflictos apelando a un pseudocontrato entre autóctonos y recién llegados que exigiría a ambas partes la adopción de medidas que faciliten su recíproca aceptación en aras del desarrollo estable de una cultura política compartida.[2] En el caso de los inmigrantes, una de estas medidas se traduce en hacer que la concesión de la ciudadanía dependa de la superación de exámenes lingüísticos, cívicos o de otras competencias básicas, concebidos con el fin de verificar la comprensión y la aceptación, por parte de los inmigrantes, de importantes normas lingüísticas y sociales de la sociedad anfitriona. David Miller, uno de los adalides más prestigiosos de estas políticas, sostiene

1. Para un análisis reciente a este respecto, véase Rainer Bauböck y Peter Scholten, «Introduction to the Special Issue: "Solidarity in Diverse Societies: Beyond Neoliberal Multiculturalism and Welfare Chauvinism"», en *Comparative Migration Studies*, vol. 4, n.º 4 (2016).

2. Véanse, entre otros, Miller, *Immigrants, Nations, and Citizenship*, ed. cit; Claus Offe, «From Migration in Geographic Space to Migration in Biographic Time: Views from Europe», en *Journal of Political Philosophy*, vol. 19, n.º 3 (2011); Liav Orgad, *The Cultural Defense of Nations: A Liberal Theory of Majority Rights*, Nueva York, Oxford University Press, 2015.

que «una persona, para desarrollar la función de ciudadano, debe alinearse también con el sistema político del que ahora forma parte».[1] Su descripción de este asunto resulta muy exigente: no solo reclama un sentimiento de adhesión a la autoridad y las normas básicas del Estado anfitrión, sino también que los inmigrantes se familiaricen con «referencias culturales tales como las festividades y los días festivos, los símbolos artísticos y culturales, los bienes paisajísticos, los objetos históricos, las hazañas deportivas, los artistas populares, etcétera».[2] Deben hacerlo, sostiene Miller, aun en el caso de que su objetivo último sea cambiar la cultura de la sociedad o mezclarla con elementos de su propio patrimonio y origen. Así, «una inmigrante musulmana en Italia ha de poder esperar que a sus hijas se les permita vestir con recato y llevar velo, pero no debería oponerse a la presencia de un crucifijo en cuanto que representación del patrimonio católico italiano».[3]

Este argumento plantea dos cuestiones más generales que evidencian, en ambos casos,

1. Miller, *Strangers in Our Midst*, ed. cit., p. 7.
2. *Ibid*., p. 144.
3. *Ibid*., p. 149.

hasta qué punto se han pasado por alto los aspectos de clase en los recientes debates sobre la inmigración. Ante todo, estas expectativas de adaptación cultural se basan en una imagen unilateral de la comunidad política nacional que se traduce en una justificación problemática del *statu quo*. En todas las sociedades inspiradas por ideales democráticos, la construcción de una identidad política será siempre objeto de continuas disputas si se pretende que sea algo más que una mera celebración de las glorias del pasado. La reificación y la higienización de la identidad política en las que se basa el relato identitario incurren en el riesgo de avalar una visión excluyente que, en lugar de alentar, sofoque el activismo democrático. Para no movernos del ejemplo del crucifijo, su presencia en las aulas escolares italianas ha sido motivo de acaloradas protestas políticas, pero las principales críticas no proceden de representantes de otras religiones que discutan su presencia por razones de identidad cultural. Más bien, los críticos más convencidos y convincentes son ciudadanos italianos laicos que lo interpretan como un símbolo de continuidad con el pasado fascista del país y como un intento de socavar la separación entre la Iglesia católica y el Estado italiano y de reprimir el derecho de expresión de la izquierda.

Por tanto, la construcción de lealtades comunes es a menudo motivo de conflictos no solo entre inmigrantes y autóctonos, sino también entre los propios nativos del país. Y el conflicto no es exclusivamente cultural, sino también de carácter ideológico y de clase. Reclamar que los inmigrantes se identifiquen con el crucifijo y que lo acepten en cuanto recta interpretación de la cultura nacional reifica, en este caso, el consenso en torno a la fracción conservadora del debate político. Además, desalienta una interpretación alternativa del Estado como terreno en el que los conflictos ideológicos y los de clase social puedan encontrar expresión y modular el desarrollo de las normas políticas a las que están vinculados los ciudadanos.

Más perniciosa si cabe es la segunda cuestión: al reconocérseles el derecho de conservar algunos aspectos de su propio estilo de vida en la esfera pública (como llevar velo), pero exigiéndoles al mismo tiempo que se abstengan de cuestionar algunas tradiciones nacionales, al final terminamos reduciendo los posibles reparos de los inmigrantes a meras objeciones culturales. Ello debilita la interpretación política de su crítica al tiempo que socava su eficacia cívica. En consecuencia, las medidas culturales que deberían facilitar la integración y alentar la participación democrática consiguen exactamente lo contrario: refuerzan la identificación cultural y eliminan de la esfera pública los principales elementos de discordia política. Cuando el conflicto político es reducido a un conflicto de identidades, las demás fuentes principales de discrepancia política son silenciadas o pasan desapercibidas. Todo ello dificulta en gran medida proponer un diagnóstico preciso de dichos conflictos e identificar los remedios necesarios para hacerles frente. Asimismo, complica también poner en tela de juicio el papel de las élites políticas en la definición de las normas públicas y en la administración de los procesos por los que se intensifica la exclusión de quienes tienen unos niveles educativos, de ingresos o competenciales menores, cuyo malestar social pasa a ser interpretado como una cuestión de integración meramente cultural.

Alguien podría sostener que el crucifijo es un ejemplo mal elegido, pero que la tesis cultural sería válida si se formulara de manera distinta. Se podría decir que, si bien coincidimos todos en que la construcción de una cultura política particular es motivo de controversias incesantes y que no deberíamos dar por definitiva ninguna de sus interpretaciones, los autóctonos deberían conservar el control del proceso y fijar los términos del debate político. Es aquí donde los exámenes de competencias cívicas para los inmigrantes adquieren relevancia. Sin embargo, una vez más, debemos preguntarnos qué autóctonos tienen el control, en qué punto exacto se sitúa el listón de la buena ciudadanía y quién lo marca. Si el grado de compromiso exigido para participar en tales debates cívicos es mínimo, resulta difícil atisbar qué pueden medir concretamente esos exámenes de integración cívica y cómo podrían demostrar hallarse en condiciones de medir lo que pretenden medir. Si los niveles de integración son exigentes, resulta difícil discrepar de la objeción de que todo el proyecto es elitista y tiene por objeto ocultar el carácter clasista del Estado y acallar las voces disidentes. Así pues, si los baremos de adaptación más exigentes neutralizan las objeciones políticas, los más moderados terminan haciendo tambalear, en lugar de consolidar, la convicción según la cual el proyecto cívico al que los inmigrantes deben comprometerse vale la pena. Es más, por más alto (o bajo) que esté ese listón, no queda claro por qué damos por supuesto que los conocimientos exigidos para ejercer un juicio político de esta índole sean algo que todos los autóctonos posean y de lo que carecen todos los inmigrantes.[1] Ciertamente, el problema reside aquí en que, en la preparación para un ejercicio competente del juicio político, los niveles de instrucción, los grados de cultura y las distintas habilidades sociales influyen en gran medida, al margen de si se es autóctono o inmigrante. Si pedimos a un inmigrante con un alto nivel de formación que se someta al examen, con toda probabilidad obtendrá unos resultados mucho mejores que un autóctono con una formación educativa escasa. De ser así, o bien deberíamos cerciorarnos de que todos los ciudadanos y todos los autóctonos sean sometidos a examen para garantizar que puedan participar de manera competente en los debates públicos, o habremos de reconocer, cosa más verosímil, que cada cual exhibirá

1. Joseph Carens se opone a estos exámenes de ciudadanía por su incapacidad de amparar la complejidad y la naturaleza polifacética de los conocimientos exigidos. Véase Carens, *The Ethics of Immigration*, ed. cit., p. 59.

distintos niveles de interés hacia esas cuestiones, al margen de cómo se haya fijado su relación con una determinada comunidad política.

Ciudadanía: el crepúsculo de un ideal

Solo queda por hacer una última, pero importante, observación: los exámenes de competencia cívica para los inmigrantes que residen desde hace mucho en el país nos hacen recordar una época en la que se empleaban los mismos criterios para limitar el derecho al voto a determinadas categorías de personas dentro de un territorio dado. Históricamente, las clases trabajadoras, las personas con un bajo nivel de formación o las que hablaban solamente en dialecto o apenas estaban alfabetizadas en el estándar de la lengua nacional eran excluidas del ejercicio de los derechos políticos, incluido el derecho al sufragio. En el Reino Unido, por ejemplo, los requisitos de propiedad todavía pesaban incluso después de la aprobación en 1918 de la «Representation of the People Act», que confirmaba la exclusión de las mujeres menores de treinta años y con bienes raíces por un valor inferior a las cinco libras esterlinas. Ayer, como hoy, el acceso a la ciudadanía era una cuestión de pertenencia de clase. Sin embargo, mientras que los demócratas de todo el mundo han luchado con éxito por la ampliación del derecho al sufragio y contra la ciudadanía clasista, las amenazas que se ciernen hoy sobre la democracia proceden de la reificación de la cultura nacional y de la aplicación de estas restricciones anticuadas a los inmigrantes residentes. La interpretación de los problemas de integración en clave exclusivamente identitaria y a expensas de la clase social plantea una grave amenaza al ideal de ciudadanía democrática, pues esta deja de ser vehículo de emancipación para convertirse en instrumento de dominación para las élites.

Si todo esto suena verosímil, entonces es imperativo situar el debate general sobre las migraciones en el marco de un reconocimiento de la clase como factor impulsor de este proceso. De ello puede derivarse en buena lógica que deberíamos tratar de abolir los mencionados requisitos culturales para los residentes de larga duración, poniendo fin a los exámenes obligatorios y a otras trabas a la plena ciudadanía. Sin una lucha renovada por la incondicionalidad de la ciudadanía para los residentes de larga duración, tanto por cuestión de principios como por necesidad política, los ideales democráticos inclusivos de la integración serán sacrificados y, en última instancia, olvidados.[1] La imposición de una identidad cultural nacional y la perpetuación de un discurso basado en la competición entre las capas más pobres de inmigrantes y autóctonos no deja de ser un proyecto de las élites ricas. Y este proyecto no nos permite ver que hay cuestiones de justicia subyacentes, relacionadas con las dinámicas de clase social, que no pueden no abordarse si aspiramos a encontrar soluciones duraderas para la crisis de la democracia liberal en el mundo. Si no nos enfrentamos a las fronteras de clase y no proponemos una política que sea capaz de reducir las desigualdades vinculadas al fortalecimiento y expansión de las dinámicas del capitalismo, el avance de la ultraderecha será imparable.

1. Para una discusión más extensa sobre la necesidad de conceder la ciudadanía a los residentes de larga duración, véase también Helder de Schutter y Lea Ypi, «Mandatory Citizenship for Immigrants», en *British Journal of Political Science*, vol. 45, n.º 2 (2015), pp. 235-251.

3. La izquierda entre la solidaridad cívica y la solidaridad de clase

1. El dilema de los progresistas

El escepticismo sobre la inmigración que manifiestan los partidos políticos de izquierdas puede no tener su origen en el racismo, la xenofobia y el alarmismo sobre una supuesta amenaza a la cultura liberal, aunque no por ello resulta menos inquietante que su versión conservadora. Y lo es porque, al igual que la crítica conservadora, adopta una forma pragmática y otra de principios.

El argumento pragmático apela a una exigencia estratégica, habida cuenta de las limitaciones de la política electoral en las democracias representativas. En toda Europa, y más allá de sus fronteras, los partidos socialdemócratas y los movimientos sociales siguen perdiendo votantes en favor de la extrema derecha en feudos tradicionales de la clase trabajadora, cada vez más receptivos a la retórica contra la inmigración. Las derechas hablan de los fracasos de la globalización y los achacan a las posiciones relajadas de las élites liberales sobre las fronteras abiertas. Las izquierdas caen en la complicidad o en la confusión, y quedan atrapadas entre el imperativo de disputar y ganar las elecciones con argumentos contrarios a la inmigración que interpelan (según dicen) a un público más amplio y la fidelidad a los valores de igualdad e inclusión, que entrañan el riesgo de minar sus posibilidades electorales.

La posición de principios, por otra parte, se relaciona con lo que ha dado en llamarse el dilema de los progresistas, sobre el que nos hemos extendido en el capítulo anterior: la supuesta relación de oposición entre inmigración y mantenimiento del estado del bienestar. La inmigración a gran escala, reza el argumento, acarrea conflictos de orden distributivo y cultural que se traducen en la erosión de la solidaridad y la justicia social. Desde un punto de vista distributivo, las migraciones incrementan las tensiones en la búsqueda de empleo y en el acceso a la sanidad, a la vivienda social y al sistema educativo público, lo que precariza la posición de los ciudadanos más vulnerables, que dependen de los subsidios sociales para mantener una vida digna. Desde un punto de vista cultural, se nos dice que las migraciones a gran escala provocan divisiones culturales que minan las relaciones de confianza y las identificaciones necesarias para afianzar la democracia en los Estados anfitriones. La solidaridad, entendida como un sentimiento de reconocimiento recíproco que se adquiere por medio de la participación democrática, es puesta en entredicho por la diversidad cultural y se ve amenazada por la adhesión a unas normas políticas y culturales alternativas, acaso iliberales, que las migraciones traen consigo. En consecuencia, la justicia social, entendida como el conjunto de supuestos que permiten un acceso equitativo a las oportunidades políticas y sociales en el seno de una comunidad democrática, también quedaría amenazada.

Consideradas objetivamente, las pruebas empíricas de las consecuencias de carácter distributivo y cultural de la inmigración sobre el estado del bienestar no parecen concluyentes. Numerosos investigadores han demostrado

que la inmigración tiene generalmente consecuencias positivas para las sociedades anfitrionas: mitiga los efectos económicos del en-
vejecimiento de la población, contribuye al
crecimiento, permite colmar las carencias de
sectores concretos del mercado laboral como
la agricultura, la construcción y la prestación
de cuidados, y, pese a algunos costes, las ga-
nancias netas son importantes.[1] Sin embargo,
aunque esos estudios tengan razón y la evi-
dencia empírica demuestre que la inmigración
no supone, objetivamente, un obstáculo para
el desarrollo del estado del bienestar, ello no
impide que la cuestión sea invocada en esos
términos en el debate público. De ahí que el
discurso contra la inmigración termine mol-
deando tanto las políticas públicas como los
proyectos políticos sobre los que deben delibe-
rar los ciudadanos. Por ello, es crucial afrontar
este dilema, ya sea tanto desde una perspectiva pragmática, intentando elaborar estrategias de resistencia frente a los movimientos
políticos de derecha y las fuerzas xenófobas de

1. Véanse los análisis en Keith Banting y Will Kymlicka
(ed.), *Multiculturalism and the Welfare State: Recognition and
Redistribution in Contemporary Democracies*, Oxford, Oxford
University Press, 2006.

la sociedad, como desde una perspectiva de principios, esbozando un camino alternativo para la transformación social.

2. La solidaridad multicultural y supranacional

Hasta ahora, la respuesta al dilema progresista al que se han visto abocados los agentes políticos de izquierdas ha consistido en una reflexión sobre unos modelos de pertenencia política distintos que nos permitan plantar cara a las presiones del mundo globalizado. Las principales soluciones se basan en dos formas alternativas de reconceptualizar la solidaridad más allá del Estado nación: por un lado, la solidaridad multicultural; por el otro, la solidaridad supranacional. La defensa de estos modelos, en mi opinión, se ha producido a expensas de un tercer modelo, el de clase. Sin embargo, para la izquierda es urgente y necesario volver a prestar atención a las clases sociales y a los sentimientos de pertenencia de clase, a fin de afrontar de manera adecuada algunos de los principales conflictos políticos en los que nos vemos sumidos en la actualidad e identificar los mejores caminos para avanzar en lo sucesivo. Para entender por qué, convendrá explicar sucintamente las carencias de las alternativas mencionadas y los aspectos que suelen silenciar u omitir los modelos de solidaridad social en los que estas se basan.

La principal limitación de los modelos multicultural y supranacional reside en que, en lugar de cuestionar en sus mismos fundamentos el modelo de solidaridad liberal del Estado nación, tratan de hacerlo más diverso internamente (como ocurre en su versión multicultural) o ampliarlo (como ocurre en su versión supranacional). La solidaridad multicultural se basa en la idea de que una comunidad política diversa no debería tratar de asimilar los distintos grupos sociales, sino acoger sus reivindicaciones, permitiéndoles desarrollar estilos de vida diferentes, defender normas culturales y lingüísticas propias e integrarse según modalidades que no les sean impuestas por una mayoría cultural dominante.[1] Los casos de Canadá y el Reino Unido suelen citarse como ejemplo de esta labor de integración de la inmigración (lo que suele acompañarse de críticas a la falta de

1. Para un análisis pionero, véase Will Kymlicka, *Multicultural Citizenship: A Liberal Theory of Minority Rights*, Oxford, Oxford University Press, 1995.

ambición del proyecto).[1] La solidaridad supranacional, por su parte, se basa en la idea de que, dadas las limitaciones impuestas por la globalización en el campo de acción de los Estados nación, los modelos de cooperación regionales y transnacionales tal vez se hallen en mejores condiciones de coordinar iniciativas más allá de las fronteras de cada país. Pese a los desafíos a los que debe hacer frente hoy día, la Unión Europea a menudo es considerada el exponente más avanzado de este tipo de cooperación en lo que atañe al fomento de los derechos humanos y las libertades fundamentales.[2]

Ambos modelos se basan en un ideal de cooperación que hunde sus raíces en la tradicional amalgama de territorio, soberanía y población, y ambos reflexionan sobre el reparto de las obligaciones políticas derivadas de las presiones migratorias entre los miembros de esta unidad definida territorialmente. Ambos coinciden en el hecho de que, en marcos democráticos, la lu-

1. Para un análisis sobre Canadá, véase Will Kymlicka, *Finding Our Way: Rethinking Ethnocultural Relations in Canada*, Oxford, Oxford University Press, 1998.

2. Véase esta discusión en Jürgen Habermas, *The Postnational Constellation*, Cambridge, Polity Press, 2001. [Ed. esp.: *La constelación posnacional*, trad. de Pere Fabra, Daniel Gamper y Luis Pérez Díaz, Barcelona, Paidós, 2000.]

cha por crear instituciones políticas conjuntas consolida modalidades de procesos decisorios y de lealtad colectiva a instituciones compartidas que adoptan una forma cívica nacional. El nacionalismo cívico descansa en las ideas paralelas de soberanía popular y educación cívica. Por un lado, la soberanía popular fomenta la responsabilidad política y social entre sus miembros amparándose en la fuerza del Derecho para garantizar que todos los ciudadanos se ciñan a las normas jurídicas compartidas. Por el otro, la educación cívica facilita la adhesión a tales normas jurídicas con el apoyo del sistema educativo (escuelas, universidad), los medios de comunicación, las artes y, en general, la difusión de la cultura en sus distintas formas en el interior de las fronteras territoriales.[1]

Los modelos de solidaridad multicultural y supranacional aspiran a ampliar el nacionalismo cívico desarrollando alternativas que preserven las ventajas del modelo cívico nacional, aun rechazando sus limitaciones. Para ser más

---

1. Estas dos ideas remiten a lo que Jürgen Habermas ha llamado «legitimación» e «integración» o, en los términos que yo misma he propuesto, «soberanía popular» y «educación cívica»; véase Lea Ypi, *Stato e Avanguardie Cosmopolitiche*, Roma-Bari, Laterza, 2016.

claros: en el modelo multicultural, la aspiración consiste en rechazar el ideal de solidaridad nacional basado en la cultura compartida de un grupo mayoritario dominante, para desarrollar un sentimiento de pertenencia multicultural, sensible a la multiplicidad de los distintos grupos étnicos presentes en el territorio, a menudo como consecuencia de los flujos migratorios. De ahí que el desafío sea transformar el proyecto de construcción de la nación en un proyecto de construcción de la nación *multicultural*, así como permitir que los distintos grupos culturales, que constituyen comunidades políticas diferenciadas, participen en dicho proyecto de construcción. La discusión sobre los límites de la tolerancia frente a determinadas formas de indumentaria vinculadas con distintos grupos religiosos o culturales, o las inquietudes sobre el equilibrio entre la influencia de las familias y la de la escuela en la educación de los hijos de los inmigrantes forman parte de un debate político más general sobre cómo se forja la identidad multicultural y de qué manera puede esta coexistir con los compromisos universales de igualdad y libertad.

Por su parte, el modelo supranacional aspira a rechazar el ideal de la solidaridad nacional en aras de la construcción de una unidad más extensa, supranacional, que se halle en mejores condiciones de hacer frente a los retos de la globalización y pueda ampliar a la esfera supranacional el sistema de derechos y deberes del Estado nación. En el caso de la Unión Europea, por ejemplo, la idea de ciudadanía europea es a menudo presentada como una concepción alternativa de lo que podría significar la identidad política más allá de las formas más limitadas de reconocimiento lingüístico y cultural encarnadas por el Estado nación westfaliano.

Ambas descripciones aciertan al subrayar que el modelo de solidaridad del Estado nación ha deparado una radicalización de formas particulares de identificación cultural, que a su vez se ha traducido en formas injustificadas de exclusión de los inmigrantes. Sin embargo, en el desarrollo de propuestas alternativas, ninguno de los dos modelos reflexiona sobre las limitaciones de esta idea de solidaridad basada en la comunidad política cuando al mismo tiempo se ha producido en paralelo el desarrollo de una sociedad capitalista de mercado con carácter global. Los modelos multicultural y supranacional revisan el concepto de pertenencia política que se halla en el centro mismo del Estado nación, al tiempo que conservan el ideal político de un foro de cooperación liberal y democrática que genere sus propias formas de lealtad. Por ello, ninguno de los dos modelos cuestiona la idea de que exista una responsabilidad política que solo sea válida para los miembros de esta unidad cooperativa de nueva formación (y reformada) y no lo sea para nadie más. Dicho de otro modo, el vínculo especial de lealtad que se presupone entre todos los miembros de un esquema cooperativo basado en prácticas políticas compartidas sigue ocupando un lugar central tanto en el modelo multicultural como en el supranacional, pues ambos adaptan el ideal de comunidad política liberal-democrático al cambio de las circunstancias.

Me permitiré abundar sobre este punto. El modelo de solidaridad del Estado nación se basa en el recurso imaginario a una lengua, a una historia y a una tradición política compartidas para facilitar el reparto de obligaciones jurídicas y garantizar su sostenibilidad a largo plazo. El modelo multicultural opera sobre fundamentos parecidos, pero sostiene que necesitamos *más* lenguas, *más* historias y *más* tradiciones cuando reflexionamos sobre la mejor forma de consolidar la cooperación política en el seno de nuestras comunidades políticas. El modelo supranacional cuestiona la idea de una comunidad política circunscrita, pero también se limita a adaptar el ideal de cooperación social entre los ciudadanos libres e iguales de una comunidad política a la esfera supranacional. Los partidarios de este modelo sostienen que debemos ampliar los cauces de la cooperación política, creando unas estructuras del proceso decisorio que respondan a los retos de la globalización y permitan ampliar el deber de justicia social más allá del Estado nación.

Sin embargo, tanto la solidaridad multicultural como la supranacional generan sus propias formas de desamparo y exclusión. En el caso del modelo multicultural, golpean a los grupos sociales que no están representados en las distintas culturas que integran el nuevo Estado multicultural, o cuyas identidades son transversales a las distintas culturas étnicas reconocidas oficialmente. En el caso de las instituciones supranacionales, ello se traduce en la concesión de derechos especiales a los integrantes de un sistema cooperativo supranacional, pero no a quienes se encuentran fuera de sus fronteras. El ejemplo de la libre circulación de personas dentro de la Unión Europea, reconocida entre los Estados miembros pero inflexiblemente contenida e incluso severamente controlada cuando las reivindicaciones proceden de personas externas, resulta instructivo.

El problema de estas concepciones de la solidaridad es que, en ambos casos, se apoyan en un ideal de cooperación social escasamente sensible a los desequilibrios de riqueza, poder y recursos discursivos que caracterizan las relaciones de poder *entre* los ciudadanos de un mismo Estado y entre Estados distintos y que son tangenciales a los aspectos de pertenencia cultural. Dicho de otro modo, ambos modelos se basan en un relato de la aparición de la solidaridad social que *sería* asumible *si* la justicia social fuese fruto de la cooperación entre ciudadanos libres e iguales, *si* el así llamado «Estado liberal-democrático» fuese realmente el lugar en el que se produce dicha cooperación. El problema es que el Estado liberal-democrático rara vez ha demostrado ser liberal o democrático con respecto a la *totalidad* de las personas que están sometidas al poder de sus instituciones. El hecho de que, en términos históricos, se haya consolidado en paralelo al desarrollo de las estructuras del mercado global capitalista significa que la estructura jurídica y política interna de los Estados y la forma jurídica de la cooperación entre Estados en la esfera internacional han apuntalado las asimetrías en la distribución de la propiedad, las jerarquías de poder y las formas de exclusión, lo que ha llevado a un reconocimiento meramente formal de la igualdad de derechos y deberes, con escasos beneficios sustanciales para los grupos sociales más vulnerables (e incluso ese reconocimiento legal a menudo ha sido tardío, como en el caso del movimiento por los derechos civiles en Estados Unidos). Al margen de algunos episodios afortunados y excepcionales que comentaré en las páginas siguientes, el Estado liberal-democrático ha sido un terreno de lucha tanto como de cooperación. En esta lucha, las ideas de nación, la observación de normas sociales compartidas o la lealtad debida a las instituciones del Estado a menudo han demostrado ser determinantes en la subordinación de las minorías vulnerables tanto en el interior (es el caso de las mujeres, de los trabajadores y de las personas racializadas) como en la esfera internacional (es el caso de las personas vulnerables en las colonias, de cuyo trabajo se han beneficiado los miembros de las clases privilegiadas).

Si queremos abordar el dilema de las izquierdas con respecto a la inmigración, no podemos engañarnos sobre el Estado liberal-democrático. Ello exige pensar al margen de las idealizaciones y de las inexactitudes de los modelos multicultural y supranacional cuando reifican un ideal de cooperación que se da de bruces con la realidad histórica. Un análisis alternativo de la solidaridad, más matizado y sensible en términos históricos, demuestra que la aparición y consolidación de procesos universales de reconocimiento social a través de la ciudadanía nacional no es un canal poderoso para la formación de solidaridades. Ese canal lo encontraremos en la creación de recursos para la acción colectiva por parte de quienes están sometidos a unas relaciones de poder que tal vez no asuman una forma delimitada territorialmente. En otras palabras, debemos pensar en la solidaridad como algo que surge de la acción común entre quienes han vivido (o se identifican con quienes han vivido) unas condiciones de opresión y explotación compartidas.

Una descripción más sensible a la verdadera historia del desarrollo de la solidaridad a partir de las condiciones de opresión demuestra que la solidaridad no se basa en una determinada ética de pertenencia, sino en el afán políticamente coordinado de crear recursos políticos para superar una condición de opresión compartida. Por supuesto, esto no es algo que puedan reconocer los mismos especialistas que defienden los modelos multicultural y supranacional de solidaridad.[1] Admiten que la solidaridad no consiste necesariamente en el desarrollo de una lealtad común hacia unas instituciones políticas compartidas, sino en esforzarse por construir movimientos sociales y políticos capaces de organizarse, movilizarse y luchar con éxito por sus propios objetivos. También admiten que, cuando dichos objetivos políticos se alcanzan y benefician a todos los ciudadanos, su éxito no tiene por qué ser fruto del ideal de cooperación social que el Estado nación encarna, ni del compromiso moral, adoptado por toda la ciudadanía, de de-

---

1. En su reflexión sobre lo que denomina la «teoría de los recursos de poder» en la aparición del estado del bienestar, Will Kymlicka reconoce que existe una explicación alternativa para el surgimiento de la justicia social que no exige que nadie haya actuado por solidaridad nacional; véase Will Kymlicka, «Solidarity in Diverse Societies: Beyond Neoliberal Multiculturalism and Welfare Chauvinism», en *Comparative Migration Studies*, vol. 3, n.º 1 (2015), p. 19.

fender unas instituciones justas. Al responder al dilema de los progresistas, estos especialistas reconocen que el deber de justicia social en el que se basan los estados del bienestar liberales a menudo es la consecuencia de potentes movimientos obreros, del trabajo de los sindicatos, de los triunfos electorales de los partidos de izquierdas y de la lucha general por transformar con éxito el equilibrio de fuerzas para proteger los intereses de los sectores más vulnerables de la sociedad. Esta explicación alternativa no se basa en la fidelidad compartida de los distintos miembros de la comunidad política para con las propias instituciones, sino en un tipo distinto de solidaridad, que transcurre por las líneas de la resistencia de clase.

3. *La solidaridad de clase*

Sin embargo, no basta con reconocer que las relaciones entre la solidaridad generada por la pertenencia política y la solidaridad de clase son complejas. La conciliación entre los modelos resulta menos simple de lo que suele afirmarse. Estos modelos se hallan en tensión porque las ideas de comunidad política en las que se basan son diferentes. En el caso de los modelos multicultural y supranacional, la comunidad política se concibe como un sistema de cooperación en el que las instituciones jurídicas y políticas facilitan el reparto de los deberes de justicia social, mientras que las prácticas culturales compartidas garantizan la sostenibilidad a largo plazo de estas obligaciones. En el caso del modelo de clase, en cambio, la comunidad política se concibe como un espacio de conflicto entre grupos con distintas relaciones de poder como consecuencia de la disparidad de posiciones que ocupan en el seno de la estructuras económicas, jurídicas y políticas que constituyen el mundo globalizado. Aquí, las clases sociales no deben entenderse ni como grupos sociales preexistentes y determinados exclusivamente por procesos económicos concretos, ni como conglomerados contingentes de oportunidades sociales. Son fruto de procesos de estructuración de clase cuya forma viene determinada por las condiciones materiales del desarrollo histórico, por la evolución de las asimetrías en la concentración de la propiedad y en el poder social, y por la influencia de factores económicos, políticos y jurídicos que regulan las relaciones de poder en un mercado global interdependiente y, sin embargo, siempre dominado por los mecanismos de expansión y concentración del capital.

De qué forma precisa hay que entender las clases sociales, cuál es la importancia relativa de los factores económicos en los procesos de estructuración de los distintos intereses de clase y de qué manera se relacionan la identidad y la conciencia de clase entre sí son, huelga decirlo, cuestiones mucho más complejas sobre las que la izquierda lleva debatiendo mucho tiempo. Sin embargo, volviendo a nuestro dilema inicial, el impacto de los migrantes sobre el estado del bienestar y el modelo de solidaridad más adecuado para ofrecer soluciones son aspectos que se han abordado, por lo general, de manera aislada con respecto a dichas cuestiones, no solo en la bibliografía teórica sobre la materia, sino también por parte de los movimientos sociales y los partidos políticos en el marco del debate público. La tendencia ha sido siempre la de dar por supuesta la lealtad al Estado al que se pertenece y analizar las migraciones como un problema de inclusión comunitaria. En el discurso actual, la migración es percibida como un problema a causa de las asimetrías y de las desigualdades en el plano internacional, donde muchas de las diferencias entre Estados o entre ciudadanos de Estados diferentes son atribuibles a factores que obedecen a la pertenencia política: por ejemplo, el nivel de desarrollo del Estado, su relación con el capital transnacional, el sistema de derechos y deberes que concede la pertenencia a un Estado u otro, etcétera.

Si resituamos el debate sobre la migración centrándolo en la clase social, veremos que la migración no es de por sí un problema. Solo lo es en el contexto de un proceso *global* de producción y reparto de los bienes y los recursos, determinado en su forma por la circulación del capital y por las relaciones jurídicas y políticas *nacionales* y *globales* que permiten su reproducción. Por este motivo, las asimetrías de poder y riqueza generadas por la globalización capitalista provocan continuamente conflictos sociales tanto en los llamados Estados «desarrollados» como en los llamados Estados «en vías de desarrollo». Pero también se dan diferencias en el modo en que las distintas clases de personas se ven afectadas por estos conflictos en estos países. Los ciudadanos pobres de los países ricos y los ciudadanos pobres de los países pobres son golpeados por fenómenos semejantes de desindustrialización, digitalización y crisis de la productividad con independencia de dónde se encuentren, si bien no en la misma medida y aun teniendo en cuenta la influencia de otros factores relevantes de orden más local. Los ciudadanos ricos de países ricos y los ciudadanos ricos de países pobres se benefician de las ventajas que las élites gobernantes pueden extraer del Estado, si bien existe un elevado grado de variabilidad en la forma en que los distintos ordenamientos jurídicos y políticos respectivos dan forma al particular equilibrio de poder entre las clases sociales. En todos estos casos, la fuerza organizativa del movimiento obrero, ya sea intranacional o internacional, incide en la distribución de relaciones de poder particulares dentro de cada Estado y entre los distintos Estados en la esfera internacional.

Si reflexionamos sobre los problemas relacionados con la migración, quedan claros sus efectos sobre la solidaridad. En el modelo multicultural y supranacional, un trabajador inmigrante y un trabajador nacional se distinguen por su pertenencia a comunidades políticas diferentes. Los movimientos sociales y las fuerzas políticas que representan a los trabajadores autóctonos tienen una responsabilidad mayor de atender a sus necesidades que a las de los trabajadores inmigrantes, porque se prioriza la lealtad a una comunidad política compartida. En el modelo de solidaridad de clase, los agentes de la sociedad que velan por los intereses de los trabajadores no pueden esgrimir ninguna razón de principio para dar prioridad a aquellos trabajadores que comparten pertenencia a una determinada comunidad política en detrimento de los trabajadores inmigrantes. Dado que los ejes del conflicto son globales y las asimetrías de poder que facilitan el proceso global de circulación del capital son las causantes de las tensiones migratorias, la respuesta al conflicto también debería ser global. A algunos tal vez les parezca idealista. Pero la realidad es que en muchas de estas cuestiones, desde el cambio climático a los derechos globales del trabajo, desde la cancelación de la deuda a la distribución universal de las vacunas, las luchas coordinadas entre movimientos sociales y políticos en distintos lugares del mundo ya están en marcha y son cruciales para abordar los retos comunes a los que se enfrenta la humanidad. Pensemos, por ejemplo, en las iniciativas, impulsadas por una red internacional de activistas, sindicatos, partidos políticos y ONG, para «hacer pagar a Amazon» por medio de campañas para mejorar las condiciones de seguridad de los trabajadores, garantizar los derechos básicos y desplazar el peso económico de las consecuencias de la pandemia de los trabajadores a los máximos directivos.[1] O pensemos en la campaña internacional «Fridays for Future», que, con su lema «Uproot the System» («Arranquemos el sistema de raíz»), aspira a coordinar huelgas y otras iniciativas políticas ecologistas en todo el mundo a fin de sensibilizar a la opinión pública sobre las consecuencias asimétricas del cambio climático en las capas más vulnerables y sobre el peligro de anteponer los beneficios a la supervivencia del planeta.[2] Son tan solo dos ejemplos de las acciones que pueden desarrollarse y difundirse para transformar la forma en que se percibe la migración en la esfera pública y concienciar a la población de que justicia y migración no son problemas aislados que atañan a una determinada comunidad política

1. Para más detalles sobre la campaña, véase https://makeamazonpay.com/.
2. Para un análisis de estas afirmaciones, véase https://fridaysforfuture.org/.

y cultural, sino que impactan de lleno en otras injusticias de alcance global.

El hecho de que numerosos movimientos políticos de izquierda en las sociedades liberal-democráticas se muestren incapaces de movilizarse por los trabajadores extranjeros y/o luchar por hacerlos partícipes no se explica solo por motivos estratégicos. La estructura social general, el sistema de incentivos económicos y el ambiente político competitivo en el que actúan determinan que se dé prioridad a los trabajadores autóctonos, lo que disuade a los trabajadores extranjeros de hacer oír su voz. Los sindicatos se organizan nacionalmente y los obstáculos que encuentran los inmigrantes más vulnerables (por ejemplo, los irregulares o los que dependen de determinados permisos de residencia o determinadas condiciones de trabajo) son muy difíciles de superar. Si quieren movilizar con éxito a los votantes, los partidos y los movimientos sociales de izquierdas deben plantear políticas públicas que beneficien a los trabajadores, unas políticas que solo podrán aplicar si ganan las elecciones. Sin embargo, si quieren ganar las elecciones, deben apelar a un electorado de ciudadanos en el que, desde un punto de vista puramente jurídico (es decir, quién puede votar y quién no), las divisiones de clase no son relevantes y la pertenencia política es crucial. Si no existieran tales vínculos estructurales, la justificación de prestar mayor atención a los trabajadores autóctonos no resistiría el menor examen crítico. Sin embargo, dar prioridad a las obligaciones sociales y distinguir entre extranjeros (migrantes) y autóctonos por motivos culturales erosiona la causa de los trabajadores desde una perspectiva global.

4. *La pertenencia política identitaria mina la organización de clase global*

Cuando los modelos dominantes de solidaridad política hacen un hueco a las consideraciones de clase, lo hacen siempre insinuando que *en principio* es posible desarrollar al mismo tiempo estrategias de solidaridad basadas en la pertenencia a la comunidad política y estrategias de solidaridad basadas en la clase social. Hay motivos para el escepticismo con respecto a esta tesis. Los dos modelos no solo son incompatibles, sino que además se desvirtúan el uno al otro. Cuanto más nos alineemos con el modelo de pertenencia política comunitaria, ya sea en su forma multicultural o supranacional, más debilitaremos el que se basa en la clase. Si nos tomamos seriamente el análisis de clase, también deberemos proponer otras bases teóricas tanto para nuestro análisis de la solidaridad en la comunidad política, como para la teoría del reparto de obligaciones sociales que de ella se derivan.

Para defender la causa de la solidaridad de clase, es preciso insistir en las limitaciones de los modelos multicultural y supranacional. El principal obstáculo lo constituye la propia aceptación de los términos del *dilema progresista* tal como han sido presentados, el dar carta de naturaleza a la idea de que la inmigración debilita el estado del bienestar. La aceptación de los términos del debate termina enfrentando a los trabajadores autóctonos y a los trabajadores inmigrantes de una forma que solo tiene sentido si consideramos que sus lealtades principales van dirigidas a sus respectivas comunidades políticas. En realidad, esto no es así: la expansión global del capital nos obliga a plantear un análisis distinto del conflicto social. Este argumento lo propuso por primera vez Karl Marx en 1870, en una carta decisiva, pero poco conocida, a los activistas internacionalistas Siegfried Meyer y August Vogt, en la que abordaba la cuestión de la inmigración irlandesa en Inglaterra y sus consecuencias para la lucha de los trabajadores. Sus palabras todavía nos hablan hoy.

«Todos los centros industriales y comerciales de Inglaterra», escribe Marx, «poseen ahora una clase obrera dividida en dos campos enemigos, proletarios ingleses y proletarios irlandeses. [...] El trabajador inglés común», continúa, «odia al trabajador irlandés como competidor que reduce el nivel de vida. [...] Tiene prejuicios religiosos, sociales y nacionales contra él [el trabajador irlandés]. Se comporta con él como el blanco pobre con los negros de las antiguas haciendas de esclavos de la Unión Americana. [...] El irlandés», sostiene Marx, «le paga con la misma moneda. Ve en el trabajador inglés tanto a un cómplice como al estúpido instrumento del dominio inglés en Irlanda.»[1]

La carta de Marx nos ofrece por lo menos dos importantes intuiciones con las que la izquierda debería orientar su reflexión sobre la

1. Carta de Marx a Meyer y Vogt, https://www.marxists.org/espanol/m-e/1870/abril/09.htm.

solidaridad y sobre la inmigración desde una perspectiva de clase.

La primera atañe a la migración en su correlación con la genealogía del estado del bienestar. Es imposible, y no sería aconsejable, abordar la realidad migratoria aislándola de la herencia del colonialismo y el neocolonialismo en aquellos países que se han beneficiado de la explotación del trabajo, de los recursos y de los regímenes asimétricos aún vigentes de cooperación económica que mantienen con otras partes del mundo. Sabemos de sobra que los trabajadores migrantes proceden a menudo de regiones geográficas y comunidades que nunca han podido recuperarse de un pasado de violencia y explotación colonial a manos de Estados europeos más ricos, durante el período de acumulación del capital y de consolidación de las instituciones políticas liberales. Lo que se olvida con frecuencia es que esa injusticia histórica tiene continuidad en el presente: modelos parecidos de apropiación de tierras, recursos y fuerza de trabajo siguen siendo omnipresentes en esos países por medio de acuerdos comerciales favorables, dependencia de la deuda y fuga de cerebros, entre otras muchas cosas.

A ello alude Marx cuando afirma que el obrero inglés, en relación con el irlandés, se siente «un miembro de la nación dominante y por lo tanto se convierte a sí mismo en la herramienta de sus aristócratas y capitalistas contra Irlanda, y fortalece así el dominio de aquellos sobre él».[1] Frente a la aparición de la cuestión migratoria, los trabajadores autóctonos se identifican con su Estado: pasan por alto la explotación por parte de las élites dominantes y su hostilidad hacia ellas, y defienden los derechos y los beneficios asociados a la democracia parlamentaria liberal. Cuando los movimientos y los partidos de izquierdas aceptan el argumento según el cual los trabajadores extranjeros ponen en riesgo las conquistas sociales y los puestos de trabajo de los autóctonos, avalan implícitamente un análisis del Estado en cuanto sistema unitario de cooperación, en el que los avances en materia de derechos y las reivindicaciones de los grupos sociales les han conferido unos derechos y privilegios históricos de los que se sienten ahora legítimos propietarios.

Es aquí donde entra en escena el colonialismo. Desde luego, las luchas de las clases traba-

1. *Ibid.*

jadoras por un sueldo digno y por sus derechos laborales han desempeñado históricamente un papel de primera magnitud en la consecución de derechos para los trabajadores autóctonos. Pero sería ingenuo restar importancia a las condiciones estructurales que han permitido que las élites internacionales hagan tales concesiones. Aquí, la asimetría del orden internacional vigente es un elemento clave. La manipulación política de los Estados más vulnerables por parte de sus antiguos amos coloniales es un aspecto persistente de los actuales regímenes internacionales, que arrastran las mismas jerarquías de poder y de riqueza que en su momento caracterizaron a las relaciones coloniales. Las clases trabajadoras y los regímenes del estado del bienestar en los países hegemónicos se han beneficiado de esta posición ventajosa. Sin embargo, esa ventaja suele omitirse cuando se pretende reivindicar el fruto del propio trabajo en el contexto de la protección de los derechos y los privilegios supuestamente amenazados por una inmigración incontrolada. También se olvida cuando en el discurso público se vierten declaraciones en el sentido de ayudar a los futuros inmigrantes «en sus países de origen» (como si las dos realidades hubieran estado separadas en algún momento).

El tiempo presente es el segundo elemento que demuestra la pertinencia de una visión de la solidaridad que se base en la clase social. El dilema progresista insiste en que la inmigración resulta especialmente problemática para los ciudadanos vulnerables de las democracias liberales y en que esta a menudo beneficia a las élites ricas, dado que pueden explotar la mano de obra a bajo coste que los flujos migratorios ponen a su disposición. Es un dilema *progresista* porque parece derivarse de un compromiso con la justicia social según el cual se considera que nuestra primera responsabilidad política es para con nuestros conciudadanos en las sociedades liberal-democráticas.

Esta forma de examinar la cuestión, contraponiendo los intereses de los trabajadores migrantes a los de los trabajadores autóctonos, presenta una visión distorsionada del papel de la clase social en relación con el Estado. De nuevo, fue Marx uno de los primeros en poner sobre la mesa los efectos devastadores de dicha interpretación sobre la lucha de los trabajadores en su conjunto. Ello está relacionado con un análisis más general sobre la acumulación global del capital y el papel de los Estados liberales como facilitadores de la explotación capitalista.

Para entender el capitalismo, debemos asumir que los conflictos políticos no son conflictos entre Estados, sino entre clases sociales diferentes. Es esta una de las líneas teóricas principales que ha seguido tradicionalmente el pensamiento socialista para desmarcarse de su predecesor, el pensamiento ilustrado, para el cual la unidad de análisis –los agentes colectivos en la historia del mundo– eran las naciones y los Estados. Es también el motivo principal de que el modelo de solidaridad de clase se distinga del planteamiento liberal basado en la pertenencia política, que impregna los modelos multicultural y supranacional que he abordado en las páginas anteriores. Desde el punto de vista del modelo de clase, los modelos multicultural y supranacional no lograrán hacer frente a los conflictos generados por las migraciones, a menos que intervengan para resolver las desigualdades de poder y las jerarquías entre clases sociales tanto en el interior del Estado como entre Estados distintos. Sin embargo, el modelo comunitario de pertenencia política no se halla en condiciones de resolver estas asimetrías: antepone los acuerdos contractuales a las relaciones de poder, la cooperación al conflicto. Un análisis del mercado global a la luz del desarrollo del capital, si se combina con el examen del papel desempeñado por los Estados en el fomento de su expansión, permite apuntar que los principales ejes de conflicto en la historia no son ni las naciones ni los Estados, sino las clases sociales. Distintas clases sociales demarcan distintos alineamientos colectivos respecto a los procesos globales de producción e intercambio, que a su vez son específicos de cada momento histórico. Los conflictos de clase cortan transversalmente las fronteras de los Estados. Un análisis de la política basado en las clases y no en las identidades políticas y culturales determinará un análisis del Estado que reconozca los papeles sociales desempeñados por las distintas élites políticas y económicas en el mantenimiento del sistema global de explotación capitalista.

Naturalmente, los Estados hacen las leyes y las aplican, y la condición que se lo permite es su ejercicio jurisdiccional en un determinado territorio, con fronteras específicas y forjado por culturas políticas específicas. Pero el calado moral de la distinción entre trabajadores migrantes y trabajadores autóctonos es secundario con respecto al calado moral de identificar la causa de los trabajadores con la causa de los trabajadores *en el Estado en el que viven*. Se trata de una asociación meramente contingente y sin peso alguno en la lucha colectiva. Sin embargo, tiene consecuencias dramáticas para la dirección de los partidos de izquierdas cuando deciden abandonar la organización por razón de clase para asumir como prioridad la pertenencia comunitaria política. Afirmar que los trabajadores migrantes representan un problema para los trabajadores autóctonos equivale a asumir exclusivamente la responsabilidad de estos últimos sin incluir a los primeros. Supone ignorar las condiciones estructurales globales que hacen de las migraciones un problema; supone tomar partido por el Estado y no por los trabajadores.

El problema del dilema progresista y el motivo de que los modelos de solidaridad que lo acompañan sean insuficientes es que estos modelos reducen los conflictos sociales a conflictos entre los Estados y sus ciudadanos, y los definen en términos culturales y políticos. El modelo crea artificialmente un «nosotros» (los trabajadores autóctonos), con ciertos derechos y beneficios que es preciso salvaguardar, y un «ellos» (los trabajadores extranjeros), que hay que poner bajo control. La división entre trabajadores extranjeros y autóctonos es una traslación más restringida de una división más amplia, que reifica la identidad basada en la pertenencia cultural y política, erosionando así la lucha conjunta de las clases sociales vulnerables en todo el mundo.

No es fácil determinar *a priori* si esta forma alternativa de enmarcar el discurso sobre la migración en la sociedad contemporánea es una baza electoral ganadora a corto plazo en la actual tesitura. De hecho, es probable que cualquier grupo político que compita por conquistar el poder con estos argumentos en una democracia liberal avanzada no recabe apoyos de inmediato. La alternativa de clase debe construirse políticamente y sería ingenuo esperar grandes triunfos electorales a corto plazo. Sin embargo, conviene recordar que incluso los partidos socialdemócratas convencionales que han intentado buscar la cuadratura del círculo y han aceptado el discurso dominante sobre los peligros de la inmigración están experimentando un constante retroceso. Por evidentes razones culturales y políticas, es improbable que en una competición etnocentrista, en la que los inmigrantes son el chivo expiatorio, la izquierda pueda imponerse a la derecha. En términos más generales, tal vez valga la pena adoptar una visión menos restringida de cómo se producen las transformaciones políticas, más allá de los ciclos de la democracia parlamentaria liberal. Si los partidos políticos de izquierdas dan por bueno el punto de vista de los votantes, sin intentar construir discursos alternativos y crear proyectos contrahegemónicos que ofrezcan a la opinión pública instrumentos distintos con los que analizar los retos que debe afrontar, el espacio para la crítica se reducirá cada vez más y las voces que desafían el sistema quedarán paulatinamente arrinconadas. El proyecto de redefinir las categorías con las que damos sentido a nuestro mundo político es tan trascendental como el de aplicar las soluciones institucionales que tengamos a nuestro alcance. Si no cuestionamos los discursos de exclusión dominantes, aun a costa de derrotas en el futuro inmediato, nos exponemos a convertirnos en rehenes de esos discursos a largo plazo.

Conclusión

La oposición entre trabajadores extranjeros y trabajadores autóctonos, y la reificación que lleva a cabo el Estado en la que esta se basa, son, como afirma Marx, «el secreto de la impotencia de la clase obrera inglesa, a pesar de su organización». Cuanto más insistamos en una solidaridad basada en la pertenencia política comunitaria, más amenazada se verá la solidaridad de clase. Si la solidaridad de clase es débil, se derrumban también las perspectivas de una acción colectiva basada en la opresión compartida. Este antagonismo que les hace el juego a las élites dominantes, según afirma Marx, «se mantiene artificialmente despierto y se ve acentuado por la prensa, el púlpito y las revistas cómicas, o sea, por todos los medios a disposición de las clases dominantes».[1]

La verdadera amenaza para el movimiento de los trabajadores no procede de los trabajadores extranjeros inmigrados. Es falso sostener que las fronteras abiertas representan un problema solo para los trabajadores autóctonos vulnerables y, en cambio, son vistas con agrado

1. *Ibid.*

por las élites en el poder. Bajo el capitalismo, los empleadores no dan prioridad a la circulación de personas en sí. A lo que dan prioridad es al movimiento de personas *sin derechos*. Priorizan la actuación de un agente político, como el Estado capitalista o instituciones similares de carácter multicultural o supranacional, que pueda controlar unilateralmente las prácticas de ingreso y, por tanto, someter a los migrantes *y* a los trabajadores autóctonos vulnerables a la discrecionalidad de las élites dominantes y a la explotación por parte del capital.

Diferenciar entre los problemas del acceso y los relativos a la integración, hacer campaña exclusivamente por los derechos de los migrantes existentes pero no contra las actuales políticas estatales de control fronterizo y de gestión de la inmigración, refuerza al Estado y resta poder a los trabajadores. Adoptar los términos del dilema progresista en la reflexión sobre la solidaridad es tanto como aceptar el argumento de quienes nos piden que seamos razonables y reconozcamos la existencia de una presión sobre las fronteras. Ello significa, a su vez, alinearse con el Estado capitalista en contra de la clase trabajadora. En realidad, es importante comprender que la exclusión de los migrantes de los puestos de trabajo y del acceso a los derechos sociales se ve *facilitada* por la exclusión de los migrantes en las fronteras y por el poder discrecional que dicha exclusión confiere al Estado. Lo último que puede hacer un movimiento de izquierdas que vele por el destino de los trabajadores es apoyar un proyecto que consolida el Estado capitalista en vez de aspirar a minarlo.

La amenaza para los trabajadores autóctonos no estriba en los trabajadores migrantes, sino en un Estado capitalista que defiende los intereses de las élites dominantes por medio de prácticas de gestión fronteriza y de políticas de integración que someten a los trabajadores inmigrantes a una relación de dependencia con las presiones que ejercen sobre ellos sus empleadores. Su vulnerabilidad compartida es el mecanismo a través del cual se mantiene bajo control a los trabajadores autóctonos, el poder negociador de los sindicatos se ve amenazado y el ejército de reserva de trabajadores desocupados del que hablaba Marx ve multiplicadas sus huestes.

La gestión de la migración por parte de los Estados capitalistas y la división que dicha gestión plantea entre trabajadores autóctonos y extranjeros es, según sostiene Marx, «el secreto por el cual la clase capitalista mantiene su poder». Una clase capitalista que, según apunta el propio Marx, «es plenamente consciente de ello». Sin embargo, si no cuestionamos el modelo de solidaridad y de comunidad política en cuyo seno se oculta este secreto, será difícil que la izquierda dé pasos en la buena senda. Allí donde la solidaridad sigue siendo teorizada como lealtad al proceso cooperativo por el que se forja una comunidad política unitaria, al margen de los conflictos vinculados al desarrollo (pasado y presente) del capitalismo, el modelo alternativo, erigido sobre la solidaridad de clase, queda inevitablemente socavado. El espectro de la inmigración seguirá atormentando y confundiendo a la izquierda, impidiendo la aparición de una verdadera alternativa.

Índice

Nuevos cuadernos Anagrama